yukismart.com/b/693846
AF364828
1
2

appel

jabłko

banaan

banan

peer

gruszka

kers

wiśnia

limoen

limonka

citroen

cytryna

kweepeer

pigwa

kiwi

kiwi

druiven

winogrona

watermeloen

arbuz

sinaasappel

pomarańcza

clementine

klementynka

aardbei

truskawka

framboos

malina

veenbes

żurawina

bosbes

borówka amerykańska

bes

porzeczka

braambes

jeżyna

sap

sok

jam

dżem

geroosterd brood

tost

grapefruit

grejpfrut

meloen

melon

pompelmoes

pomelo

kumquat

kumkwat

mirabel pruim

mirabelka

perzik

brzoskwinia

abrikoos

morela

pruim

śliwka

ananas

ananas

granaatappel

granat

olijf

oliwka

vijg

figa

dadel

daktyl

avocado

awokado

lychee

liczi

kaki

persymona

stervrucht

karambola

mango

mango

ramboetan

rambutan

longan

longan

langsat

słodliwka

mangosteen

mangostan

jackfruit

dżakfrut

sapodilla

sapodilla

guave

gujawa

jujube

jujube

durian

durian

zuurzak

graviola

papaja

papaja

drakenfruit

smoczy owoc

kokosnoot

kokos

cacao

kakao

chocolade

czekolada

aardappel

ziemniak

maïs

kukurydza

yam

ignam

pompoen

dynia

flespompoen

dynia piżmowa

cassave

maniok

wortel

marchewka

tomaat

pomidor

paddenstoel

grzyb

broccoli

brokuł

asperge

szparag

artisjok

karczoch

komkommer

ogórek

spinazie

szpinak

bloemkool

kalafior

courgette

cukinia

sla

sałata

kool

kapusta

aubergine

bakłażan

raap

rzepa

radijs

rzodkiewka

biet

burak

rabarber

rabarbar

spruitje

brukselka

prei

por

munt

mięta

knolselderij

seler

andijvie

cykoria

selderij

seler naciowy

erwten

groszek

kikkererwten

ciecierzyca

groenen bonen

fasolka szparagowa

rode boon

czerwona fasola

mungo boon

fasola mungo

venkel

koper włoski

pastinaak

pasternak

paprika

papryka

chili peper

papryczka chili

peper

pieprz

ui

cebula

knoflook

czosnek

gember

imbir

macadamia

makadamia

pecannoten

pekan

cashewnoot

nerkowiec

hazelnoten

orzechy laskowe

amandel

migdał

pistache

pistacja

pinda

orzeszek ziemny

kastanje

kasztan

walnoten

orzechy włoskie